Wolfgang Costanza

Il miglior metodo
per il successo in borsa

AF138660

© 2019 Wolfgang Costanza
Casa editrice
BoD - Books on Demand GmbH
Norderstedt, Germania
ISBN 9783732246083
Foto di copertina:
Scultura di fronte alla borsa di
Francoforte
Scultore: Reinhard Dachlauer
Foto: Wolfgang Costanza

Indice

I migliori speculatori

Cara Sofia,

nella tua lettera, mi hai chiesto quali argomenti parlano per il mercato azionario. Prima di tutto, spiego ciò che parla contro il mercato azionario. La borsa ha un articolo femminile nella maggior parte delle lingue. È una signora molto capricciosa e imprevedibile, a volte esultante, nel linguaggio del mercato azionario *Hausse*, poi triste di nuovo a morte, nel linguaggio del mercato azionario *Baisse*, rapidamente irritata da eventi politici, anche se accadono dall'altra parte del globo, sempre curiosa delle voci positive e negative dei mercati azionari, che lei risponde con il rialzo e la caduta delle quotazioni.

Se decidi di fare affari con questa signora, come donna hai un 'bonus'. Le statistiche mostrano che le donne in borsa hanno in media più successo degli uomini perché preferiscono strategie di borsa orientate alla sicurezza, mentre gli uomini hanno maggiori probabilità di rischiare speculazioni rischiose.

Invece di annoiarti con un trattato azionario, preferisco racontarti la storia di successo dei due migliori operatori di borsa.

Benjamin Graham ha iniziato la sua carriera a *Wall Street* all'età di 20 anni. Per USD 12 a settimana scrisse i prezzi delle azioni su una lavagna. A 25 anni, aveva già un reditto annuale di USD 600 000. Nel 1934 scrisse il suo bestseller *Security Analysis*, in cui spiegava la strategia del 'Value investing' da lui sviluppata. Tenendo conto di questa strategia nel 1948 investì un quarto delle sue attività nella compagnia di assicurazioni *Geico*. Con questo investimento ha realizzato un profitto del 1635 % negli 8 anni successivi. Per 30 anni ha ottenuto un profitto medio annuo del 17 % con la strategia del *Value investing*. USD 10000 sono diventati USD 1 110 000. Dal 1928 al 1957 tiene lezioni alla *Columbia University*. C'era uno studente a cui ha dato il miglior voto A +:

Warren Buffett. Questo ha comprato le prime tre azioni all'età di 11 anni. Dal 1954 lavora nella società di investimento fondata da *Benjamin Graham*. Quando

Graham andò in pensione, Warren Buffet raccolse USD 105 000 dai suoi parenti e istituì un pool di investimenti privati,con un rendimento medio annuo del 29,5 % dal 1956 al 1969. Nel 1998 tutti quelli che diedero a Buffett USD 10 000 nel 1956 avevano una sbalorditiva somma da USD 150 milioni. Warren Buffet ha acquisito circa USD 86 miliardi attraverso operazioni di borsa. Le azioni della sua società di investimento *Berkshire Hathaway* sono le azioni più costose al mondo ad un prezzo attualmente di USD 300 000 per azione. A differenza di altri famosi speculatori, Buffett non fa mistero dei suoi acquisti di azioni. Sono commentati e publicati da lui. Di consequenza, è diventato un guru per milioni di investitori in America che seguono ognuna delle sue decisioni di acquisto, il che ovviamente ha un effetto positivo sul corso delle azioni.

Sebbene sia uno degli uomini più ricchi del mondo con 86 miliardi di dollari di ricchezza privata, vive ancora nella stessa casa di *Omaha*, che ha comprato nel 1958 per USD 31 000. Guida un'auto di media cilindrata e si concede solo una volta alla settimana un buon pasto presso la steakhouse.

In un'intervista alla rivista statunitense *Fortune*, ha annunciato il 25 giugno 2006, che donerà l'86 % della sua fortuna a opere di beneficenza e ricerca medicinale, trenta miliardi delle quali andranno alla fondazione del suo amico *Bill Gates*.

Perché ti ho raccontato questa storia di successo? Illustra meglio di un seminario sul mercato azionario: Il metodo più efficace di speculazione sul mercato azionario è la pazienza di perseguire una buona strategia di investimento.

In un'altra lettera ti darò informazioni più precise sulla strategia del *Value investing*.

Voglio farti capire che sei come speculatore nella migliore compagnia. Questo è il motivo per cui ti presento alcuni eminenti speculatori alla fine.

Il filosofo romano *Cicerone*, che acquistò una considerevole fortuna attraverso la speculazione immobiliare, arrivò a due risultati che sono ancora validi oggi: il denaro è la base della repubblica e la speculazione è la pedana per una grande fortuna.

Lo scrittore francese *Voltaire*, un appassionato speculatore, comprò dagli uomini di paglia tutti i biglietti della lotteria dello stato francese. Aveva calcolato che la somma delle vincite della lotteria era notevolmente superiore al prezzo totale per l'acquisto di tutti i biglietti. Voltaire è diventato molto ricco grazie a questo colpo. Il direttore della lotteria, tuttavia, è stato licenziato senza preavviso.

Altri famosi speculatori: il pittore *Gauguin*, gli scrittori *Balzac* e *Beaumarchais* e l'economista inglese *Lord Keynes*.

Sotto il suo ritratto, il governo inglese ha scritto il seguente testo:

John Maynard Lord Keynes
che è riuscito
a fare una fortuna
senza lavoro.

Non puoi raggiungermi nelle prossime quattro settimane mentre viaggio per la *California*.

Il cosiddetto Venerdì Nero

Caro Wolfgang

durante il tuo viaggio in *California* ho letto un libro sul più grande crollo della borsa. Mi è apparso chiaro che il mercato azionario ha due facce: una amichevole mostrata da *Graham* e *Buffett* ed una poco amichevole di fronte a molti operatori di borsa. Un operatore di borsa ha scritto:

'Sul mercato azionario puoi fare una piccola fortuna investendo una grande fortuna.'

Il mercato azionario ha ripetutamente dimostrato di essere una gigantesca macchina in perdita. Nel 1929, *Wall Street* ha sofferto il più grande crollo del mercato azionario della storia, causando una crisi economica mondiale e una recessione di lunga durata.

Il crollo della borsa nel 1929 è stato preceduto da un boom del mercato azionario senza precedenti. Tutta la populazione fu infettata da una febbre speculativa. In borsa i pronostici caldi erano ancora più richiesti rispetto all'alcohol vietato dalla *Prohibition*. Gli autisti ascoltano solo con un orecchio al traffico, con l'altro orecchio cercano di sentire i pronostici caldi dei loro passageri. Il cameriere di un broker guadagnava un quarto di milione con il pronostico del suo patrone. Il pronostico di un paziente riconoscente ha dato USD 30 000 a un'infermiera. Un'attrice ha adornato il suo appartamento con grafici dei corsi delle azioni in rialzo. *General Electric* è salito del 300 % in un anno e *Radio Corporation* è cresciuta del 400 %.

'God's own country' è stato colpito dall' illusione che l'abolizione della povertà sia imminente, e poi inizia una nuova era di 'prosperità eterna'.

L'interno dramma del crollo della borsa che ha ricevuto il suo nome dal 24 ottobre 1929, il cosidetto **Venerdì Nero**, è reso chiaro dall'andamento dei quotazioni del *Dow Jones Index*. Alla prima quotazione del 1896, l'indice ha 41 punti. Fino al 1927 sale a 100 punti. La speculazione surriscaldata sponsorizzata dai prestiti bancari quadruplica l'indice entro due anni, raggiungendo sul massimo storico di 381 punti nel settembre 1929.

I corsi in questo alto sono di gran lunga superiori al valore reale delle società. *Irving Fisher*, professore all'*Università di Yale*, riceve una triste notorietà dichiarando il 16 ottobre:

'Sembra che le azioni abbiano raggiunto un altopiano permanente.'

Nei prossimi tre giorni, i corsi delle azioni precipitano da quest' altopiano, con il *Dow Jones Index* che perde il 15 %. Il 23 ottobre, l'indice scende a 300 punti. Il giorno seguente, il *Venerdì Nero* il valore totale di tutte le società quotate a *Wall Street* scende di USD 11 miliardi. Lunedì l'indice scende a 260 punti. Martedì perde un altro 12 % e è caduto già del 39 % sotto il picco a settembre. Il 15 novembre scende a 180 punti e nell'estate del 1932, dopo una perdita totale dell'89 % su quei 41 punti che aveva il giorno della sua prima quotazione.

I corsi delle azioni delle compagnie americane precipitano nell'abisso:

Radio Corporation da 115 a 3 ½. *General Electric* da 220 a 20.

Nelle statistiche americane, il crollo del mercato azionario si riflette come segue:

Più di 123 000 speculatori di successo,

che possedavano un'auto di lusso, dovevano cambiare in metropolitana. Oltre 9000 banche hanno dichiarato il loro bancarotta come risultato del crollo del mercato azionario. La leggenda americana del mendicante che sale al milionario, ha giocato sempre più spesso nella direzione opposta. Molti azionisti in America e Europa sono diventati indigenti, ma hanno avuto grandi difficoltà nel trovare ricca gente per cui chiedere l'elemosina.

Il crescente numero di suicidi ha ispirato il comico americano *Will Rogers* al seguente gag:

'A New York, il portiere chiede ai nuovi hospiti:

'Vuoi una stanza per dormire o saltare fuori dalla finestra?'

Dal momento che io, in quanto rappresentante del sesso orientato alla sicurezza, attribuisco grande importanza al dormire bene, capirai che non riesco a decidermi ad unirmi al club di speculatori che sono prevalentemente fatti di uomini che prendono rischi.

La rete di sicurezza del azionista

Cara Sofia,

vorrei prontamente rispondere alla tua lettera, che ho trovata al mio ritorno dalla *California*.

Capisco che il crollo del *Dow Jones Index* tra il 1929 e il 1932 ha scosso la tua fiducia nel mercato azionario. Tuttavia, l'ulteriore sviluppo del *Dow Jones Index* è una storia di successo. Nel 1954 raggiunge il livello del 1929. Nel 1972 sfondò la barriera del suono di 1000 punti, superò i 2000 punti nel gennaio 1987, superò l'ostacolo di 3000 punti nel 1992 e poi salì a più di 26 500 punti fino al 2019. La visione a lungo termine mostra un forte aumento dell'indice, anche se questo è stato sempre interrotto da crolli della borsa. Il boom del mercato azionario e il crollo del mercato azionario sono due facce della medaglia. Il speculatore *André Kostolany*:

'Nessun crollo del mercato azionario che non sia stato preceduto da un boom e nessun boom che non si concluda in un crollo del mercato azionario.'

Da un operatore di borsa arriva il detto: 'Prima del crollo non c'è un avvertimento.'

Tuttavia, c'è un segnale di allarme prima del crollo della borsa: il cosidetto 'casalinghe-mercato'. Ciò significa che le persone entrano nella speculazione del mercato azionario, che non hanno idea delle azioni. Il milliardario americano *John Rockefeller* aveva ovviamente un acuto senso per questo segnale di allarme. Ha venduto tutte le azioni poche settimane prima del *Venerdì Nero*, dopo aver ricevuto diversi pronostici da un lustrascarpe.

A causa dell'esperienza del *Black Friday* le borse hanno stabilito una nuova regola per evitare una svendita simile una valanga. In caso di perdite di corso estreme la negoziazione in borsa è sospensa. È grazie a questa strategia che nessuno dei successivi crolli del mercato azionario ha avuto le stesse devastanti consequenze del *Black Friday*.

Gli operatori della borsa Francoforte hanno dimostrato dopo il crollo del mercato azionario del 1987 dal sequente testo che non avevano perso il loro umorismo nonostante pesanti perdite.

Le mie finanze sono in frantumi
Le ho perso in borsa
Dopo ciò ho le mie azioni
fatto aquiloni ai bambini
Mi sono trasferito con loro nei campi
dove le brezze soffiano dolcemente
Lì potrei vedere le mie azioni
salire di nuovo.

Forse potrò riconquistare la tua fiducia nel mercato azionario introducendoti al triangolo di rendimento DAX. Questo triangolo mostra i rendimenti annuali medi che un deposito copiando il DAX avrebbe guadagnato se fosse stato acquistato e venduto in un qualsiasi anno tra 1983 e il 2006. Il triangolo è composto da 300 campi. Le vincite sono indicate come caselle blu, le perdite come caselle rosse. L'87 % dei campi sono campi di profitto di colore blu, solo il 10 % sono campi di perdita di colore rosso.
Puoi confrontare lo speculatore azionario con un funambolo. Quando questo precipita la sua vita viene salvata attraverso la rete di sicurezza. Quando i corsi delle

azioni crollano, maggior parte delle risorse dello speculatore verranno salvate se è abastanza intelligente da costruire una rete di sicurezza. Questa rete di sicurezza consiste delle seguenti 7 regole d'oro:

1. Metti solo una parte del tuo patrimonio in azioni. La quota nel tuo deposito è calcolata seconda la formula:

'Quota delle azioni in % = 100 meno l'età.'

2. Acquista azioni solo con denaro di cui non hai bisogno per un lungo periodo di tempo.

3. Investi il capitale in un numero maggiore di diversi fondi azionari di diversi settori.

4. Reinvesti la maggiore parte dei guadagni azionari in titoli sicuri. Se tutti i profitti azionari vengono reinvestiti in azioni gran parte del denaro viene perso in caso di un crollo della borsa.

5. Realizza i guadagni di corso. Dovresti sempre ricordarti: La borsa non è una strada a senso unico. I guadagni di corso sono solo denaro preso in prestito, che deve essere ripagato alla successiva perdita di corso.

6. Non acquista mai azioni con l'aiuto di prestiti bancari.

7. Manteni le perdite piccole vendendo le azioni il più rapidamente possibile in caso di perdita di corso. Una regola provata è la seguente: lasciare salire i guadagni di corso, mantenere basse le perdite di corso. Per compensare una perdita del 50 %, è necessario un aumento del corso del 100 %!

Per rilassare il mio seminario sul mercato azionario ti dirò infine un aneddoto sul banchiere berlinese *Carl Fürstenberg*:

A causa della massima protezione, Fürstenberg aveva ricevuto uno scompartimento nel vagone letto della prima classe per il viaggio da *Varsavia* a *Berlino*. Mentre il treno si metteva in moto, il signor M., un imprenditore berlinese che Fürstenberg aveva incontrato brevemente durante una cena di lavoro all'Hotel Adlon, si precipitò verso di lui.

"Signor Fürstenberg, il vostro secondo letto è libero. Le pagherò qualsiasi prezzo se me lo lasci."

In quel momento Fürstenberg si ricordò che il signor M. stava mangiando rumorosamente cosa che risvegliava in lui l'assoziazione di russare ancora più forte.

Pensosamente, lo guardò e disse:

"Devo riflettere sulla vostra domanda ancora una volta durante la notte."

Qando il treno si fermò alla stazione di confine al mattino, Fürstenberg si svegliò con lo stridio delle ruote frenanti. Sentì la voce acuta del doganiere:

"Stazione di frontiera. Controllo dei passaporti."

Seguendo un bisogno umano lasciò lo scompartimento. Il signor M. era stanco e pallido sulla sua valigia.

"Se la vedo in quel modo, mi dispiace non averle offerto il mio secondo letto." ha detto Fürstenberg.

"Molto peggio è che il doganiere mi ha criticato perché ieri ho dimenticato di ritirare il mio passaporto alla recezione dell'hotel. Questo ostinato funzionario della dogana non si muoverà malgrado le mie richieste e un'offerta di corruzione per farmi entrare in *Germania*."

In quel momento, l'uffiale della dogana veniva da uno scompartimento.Il banchiere andò da lui e disse alcune parole. Poi l'ufficiale è venuto e ha detto:

"Lei può entrare."

Il signor M. vorebbe avere il banchiere al collo. Andò da lui e gli strinse la mano:

"Molte grazie, Signor Fürstenberg. Ma cosa hai detto a questo ostinato funzionario prussiano?"

"Gli ho dato un ordine ufficale e lui ha risposto:

'Ma è naturale, se si tratta di un ordine ufficiale.'

Conoscenze di base della borsa

Cara Sofia,

mi fa piacere, che vorresti entrare nel mercato azionario a causa della mia ultima lettera. Scrivi:
'Ho poca idea delle azioni.'
Secondo un sondaggio, oltre la metà di tutti i tedeschi hanno poca idea delle azioni. Pertanto, la quota di azionisti in Germania era molto bassa al 6 % nel 2016 (Svezia 19 %, Svizzera 20 %, Inghilterra 23 %, Stati Uniti 25 %, Paesi Bassi 30 %). Dei 6 bilioni di euro che i tedeschi 2017 hanno avuto come risparmi, solo il 6 % è stato investito direttamente in azioni. A lungo termine, tuttavia, le azioni guadagnono più profitti di qualsiasi altro investimento. Il rendimento medio delle azioni negli ultimi 50 anni è stato superiore del 2 % rispetto al rendimento medio dei titoli a reditto fisso. Nel caso di un periodo di investimento a breve termine, questa differenza dei rendimenti ha un impatto limitato sugli importi finali. A lungo termine, tuttavia, la differenza è molto grande a causa del

interesse composto. L'importo finale di un rendimento del 9 % supera l'importo finale di un rendimento del 7 % su 10 anni del 40 %, del 173 % in 20 anni e del 565 % in 30 anni.

Il mercato azionario è un motore importante dell'economia e il luogo in cui si incontrano gli investitori (gli azionisti) e i destinatari di denaro (gli imprenditori) che aumentano il loro capitale trasformando la società in una società per azioni. Gli azionisti possono beneficiare dei dividendi societari e dell'aumento del corso azionario.

Acquistando un titolo, l'investitore diventa comproprietario della società. In un buon sviluppo della società è coinvolto nei loro profitti, in un cattivo sviluppo anche nella loro perdita.

Un *indice azionario* è composto da un numero maggiore di azioni. Le 30 maggiori compagnie tedeschi formano l'indice DAX. Le 30 maggiori compagnie americane formano l'indice DOW JONES. Un *certificato indice* è una partecipazione a tutte le azioni di un indice. Il certificato dell'indice DAX è quindi un investimento in tutte le azioni dell'indice

DAX. La quotazione di borsa dell' indice DAX risulta dai corsi delle 30 azioni. Un vantaggio del certificato indice è la riduzione del rischio della quotazione di borsa mediante la partecipazione a un grande numero di azioni.

Uno svantaggio del certificato indice: Se la banca che ha emesso il certificato indice va in bancarotta, i certificati indici rientrano nella massa fallimentare, minacciando l'investitore di perdite significative.

Un **ETF** (Exchange Traded Fund) è un fondo che copia la quotazione di borsa di un indice. Esempio: Un ETF basato sul DAX riflette lo sviluppo della quotazione di borsa del DAX.

Un ETF offre l'opportunità di investire in tutte le azioni di un indice acquistando un singolo ETF.

Gli ETF sono negoziati in borsa e possono quindi essere acquistati o venduti in qualsiasi momento tramite la borsa.

Le spese di amministrazione sono molto più basse per un ETF che per un fondo a gestione attiva. L'esempio seguente illustra il grande impatto dei costi amministrativi annuali:

Senza costi amministrativi, la valore del fondo di 10 000 € e un rendimento dell' 8% in 30 anni aumenta a 100 626 €.

Con una commissione amministrativa del 2,5 %, l'investitore ha solo 49 839 € dopo 30 anni.

I dividendi delle azioni dell'ETF sono distribuiti ai proprietari del fondo o reinvestiti nel fondo.

Il denaro investito dagli investitori nell' ETF costituisce un fondo che deve essere tenuto separato dal patrimonio della società di investimento, che protegge gli investitori dalla perdita di denaro. In caso di bancarotta della banca che emette l'ETF, l'ETF non rientra nella massa fallimentare. Il cliente può trasferire l'ETF su un'altra banca.

Quando acquisti un ETF, o dai l'ordine di acquistare al corso più economico o chiami un limite che significa il corso che vuoi pagare al massimo. Quando si vende un ETF o si dà l'ordine di vendere al corso più alto possibile o si chiama un limite che significa che si chiama il corso, che si desidera almeno ricevere.

Esistono due modi per creare un pacchetto ETF. Puoi acquistare un numero uguale di ETF ogni mese, oppure puoi spendere un importo uguale ogni mese per acquistare ETF. Il secondo metodo ti raccommando. Se spendi mensilmente un importo uguale sugli ETF, verranno acquistati meno ETF al mese in caso di aumento dei corsi, ma più ETF in caso di calo dei corsi. Ciò si tradurrà in un corso di acquisto inferiore rispetto all'acquisto di un numero uguale di ETF al mese.

Dividendo è la parte dei profitti che una società paga ai suoi azionisti. Il calcolo del rendimento del dividendo è molto semplice:

Rendimento del dividendo in % = dividendo : corso azionario x 100.

Il pagamento del dividendo sarà effettuato il giorno successivo all'Assamblea generale annuale. Ogni azionista che detiene un' azione nel proprio deposito nel giorno dell'Assemblea generale annuale riceverà il dividendo.

Il giorno successivo all'Assemblea generale annuale, il corso delle azioni si riduce di un importo corrispondente al dividendo.

Vorrei ora spiegarti i fattori causali più importanti per lo sviluppo del corso azionario:

Il corso delle azioni è determinato dalla relazione tra offerta e domanda. L'aumento della domanda ha un effetto positivo sul corso delle azioni e la domanda calante ha un effetto negativo. Riguardo a ciò la congiuntura è molto importante. Nelle fasi di congiuntura in ascesa e alta gli investori possono acquistare più azioni a causa del loro reditto crescente: I corsi azionari aumentano. Nella fase di recessione, gli investitori possono spendere meno denaro in azioni: I corsi azionari calano.

Una causa importante per l'aumento dei corsi è un calo del prezzo del petrolio. Poiché gli investitori devono spendere meno per i costi energetici (benzina, riscaldamento), possono acquistare più azioni.

Una causa importante per il calo dei corsi è un aumento degli interessi sui titoli a reditto fisso. In questo caso, gli investitori acquisteranno più titoli a reditto fisso e quindi avranno meno risorse per acquistare azioni.

Ora ha imparato le nozioni di base della borsa. Le strategie azionarie di maggior successo ti presenterò nella mia prossima lettera.

Finalmente ti diró due aneddoti sul banchiere *Fürstenberg*.

Il signor A., un nuovo ricco con un rapporto proporzionale inverso di ricchezza e intelligenza, ha chiesto regularmente a Fürstenberg un parere sul mercato azionario. Sorprendentemente, tuttavia, ha sempre fatto il contrario di ciò che il banchiere gli ha consigliato di fare. Pertanto ha avuto poco successo nel mercato azionario e ancora meno reputazione. Quando ancora una volta voleva un parere sul mercato azionario, Fürstenberg disse bruscamente:

"Baciami l'ombelico"

"Non capisco"

"Devi capirlo, fai sempre il contrario di quello che dico."

Il signor G., membro della Borsa di Berlino, ha ricevuto il titolo di *Console Generale* da uno stato completamente insignificante. Per lui questo titolo era molto importante. Ad un ricevimento nella banca di Fürstenberg ci fu un incontro tra il signor A., l'operatore di borsa con la peggiore reputazione e il signor G.,

l'operatore di borsa con il titolo più alto,
che stava accanto a Fürstenberg.
Il signor A. sollevò il suo bicchiere da
champagne e disse con voce venerabile:

"Mi prendo la libertà di bere una buona sorsata di salute, signor consule."
Fürstenberg disse con un sorriso ironico.

"Giulio Cesare era solo un consule, il
signor G. è un console generale."

Le migliori strategie

Cara Sofia,

il cabarettista *Herbert Bonnewitz* ha avuto una grande allegria in una riunione del Carnevale di *Mainz* con la sua domanda:
  "Signora, dove fa pensare?"
Riguardo a la speculazione in borsa, non dovresti avere inibizioni per far pensare i professionisti del mercato azionario delle banche. È meglio fare grandi profitti con il loro aiuto che negoziare sul mercato azionario con meno successo. Ti presenterò quindi le tre migliori strategie di borsa.

La strategia del 'Value investing', sviluppata da *Benjamin Graham* si basa sulle seguenti considerazioni: Se il valore di borsa di un azione è inferiore al suo valore reale, tale azione sarà acquistata in misura crescente a media scadenza a causa della sottovalutazione rilevata dagli investitori. Il corso di questo titolo sta aumentando. A causa della sottovalutazione già esistente, il rischio di una perdita di corso è basso. Gli azioni quindi hanno una buona opportunità del rialzo del corso e allo stesso tempo un basso rischio di corso.

L'indice MSCI EMU VALUE copia i corsi di società europee sottovalutate. L'indice MSCI EMU VALUE è aumentato del 95 % negli anni dal 1997 al 2009, mentre l'indice MSCI EMU è aumentato solo del 51%. La superiorità della strategia del 'Value investing' è confermata in modo impressionante della differenza di 44%.

Pertanto ti consiglio di acquistare un ETF basato sulla strategia del 'Value investing', come ad esempio:

DEKA STOXX EUROPE STRONG VALUE 20 UCITS ETF-EUR DIS
ISIN DE000ETFL045

Rialzo delle quotazioni negli ultimi 10 anni: 130 %.

Tutti gli aumenti delle quotazioni sono stati calcolati il **25.5.2019**.

(fonte: www.onvista.de)

La **strategia del dividendo** sviluppata da *Benjamin Graham* si basa sulla seguente considerazione:

Poiché il rendimento totale di un'azione è costituito dall'aumento della quotazione e dal dividendo, anche le azioni che pagano un dividendo elevato devono avere un rendimento totale superiore alla media. Ci sono due varianti della strategia del dividendo:

1. *La strategia TOP 10*

Consiste nell'acquistare i 10 titoli con il rendimento da dividendo più alto all'inizio di ogni anno e poi lascarli nel deposito per un anno.

2. *La strategia Low 5*

Dei 10 titoli con il dividendo più alto, solo i 5 titoli con la quotazione più bassa vengono acquistati e detenuti nel deposito per un anno.

Il cosidetto 'Divdax' è un indice delle 15 azioni del DAX con la più alta distribuzione di dividendi. Tra il 2000 e il 2011, il rialzo delle quotazioni del 'Divdax' ha superato il DAX del 45 %.

Raccomando pertanto di acquistare un ETF basato sulla strategia del dividendo, ad esempio:

XTRACKERS STOXX GLOBAL
SELECT DIVIDEND 100 SWAP
UCITS ETF
ISIN LU0292096186
Rialzo delle quotazioni negli ultimi 10 anni: 209 %.

Il principio della **strategia momentum** è quello di acquistare azioni che hanno già fatto uno sviluppo ascensionale. Questo sviluppo ascensionale può essere riconosciuto dal fatto che il corso delle azioni è salito sopra la media negli ultimi 6 mesi.

La strategia si basa sulla seguente considerazione: se il corso di un titolo è salito sopra la media in passato, è molto probabile che questa tendenza continui nel prossimo futuro. Una volta che il titolo ha iniziato a rialzare, non può più essere fermato. Questo slancio di un titolo si chiama *momentum*.

L'efficacia di questa *strategia momentum* è stata dimostrata dai calcoli dell' *Università di Mannheim*: Questa strategia può generare rendimenti superiori del 10 % rispetto al rendimento medio dell' indice. Pertanto, questo metodo conferma il vecchio detto degli azionisti britannici:

"The trend is your friend."

Quindi ti consiglio di acquistare un ETF basato sulla strategia momentum, per esempio:

XTRACKERS MSCI WORLD MOMENTUM UCITS ETF – 1C USD ACC

ISIN IE00BL25JP72

Rialzo delle quotazioni negli ultimi **3 anni**: 56 %.

Gli ETF generalmente superano i fondi gestiti dai gestori. Racommando i fondi gestiti solo alle seguenti 4 condizioni:

1. Dovresti acquistare solo fondi in Euro, perché i fondi in valuta estera comportano un rischio valutario.

2. Dovresti acquistare solo fondi con una 'rete di sicurezza'. Si tratta di fondi misti che contengono non solo azioni ma anche titoli a reditto fisso (come rete di sicurezza).

3. Il fondo dovrebbe essere negoziato in borsa. Se acquisti un fondo gestito attivamente dalla società di investimento, devi pagare una commissione di vendita (fino al 5 %). Questo supplemento non devi pagare al momento dell'acquista in borsa. L'acquisto in borsa ha un altro vantaggio: la società di investimento può sospendere il ritiro del fondo se circostanze eccezionali lo richiedono. In questo caso puoi vendere il fondo tramite la borsa.

4. Almeno una delle principali agenzie di rating dovrebbe certificare che il fondo

ha una qualità superiore alla media. Voto migliore o peggiore (tra parentesi): Morningstar: 5 stelle (1 stella), Scope: A (E), Eurofonds: 1 (5), Feri: A (E) Lipper Leaders: 5 (1), Standard & Poors: Platinum (Grading removed).

Qui di seguito ti consiglio tre fondi che soddisfano queste 4 condizioni:

KEPLER VORSORGE MIXFONDS – EUR DIS
ISIN AT0000969787
Rialzo delle quotazioni negli ultimi 10 anni: 116 %.

ACATIS GANE VALUE EVENT FONDS – A EU
ISIN DE000A0X7541
Rialzo delle quotazioni negli ultimi 10 anni: 128 %.

INVESCO PAN EUROPEAN HIGH INCOME FUND
ISIN LU0243957312
Rialzo delle quotazioni negli ultimi 10 anni: 164 %.

Ti consiglio di restituire il fondo alla società di investimento che ha avuto il rendimento più basso dall'acquisto. Ciò aumenta il rendimento medio dei fondi rimanenti nel deposito.

Ti consiglio di utilizare parte dei profitti generati da ETF e fondi per acquistare i seguenti fondi azionari ad alto rendimento:

ISHARES MDAX(DE) UCITS ETF – EUR ACC

ISIN DE0005933923

Rialzo delle quotazioni negli ultimi 10 anni: 301 %.

FRANKLIN TECHNOLOGY FUND - A EUR ACC

ISIN LU0260870158

Rialzo delle quotazioni negli ultimi 10 anni: 535 %.

Riguardo al rendimento è necessario prendere in considerazione quanto segue: Il profitto del corso ottenuto con la vendita di un fondo è esentasse in *Svizzera* se viene rispettato un periodo speculativo. In *Germania*, tuttavia, l'imposta viene detratta dal profitto del corso.

Infine ti racconto due aneddoti su *Carl Fürstenberg*:

Il banchiere era un fanatico della puntualità. La voce circolava a Berlino:

'La vettura di Fürstenberg guida ogni mattina alle 9 attraverso la Porta di Brandeburgo.'

Questa voce raggiunse le orecchie dell'
imperatore, che viveva secondo il motto:
'La puntualità è la cortesia dei re.'
Una mattina le vetture di Fürstenberg e
dell'imperatore si incontrarono alla Porta di Brandeburgo. L'imperatore salutò
Fürstenberg, che conosceva da molti ri-
cevimenti alla corte. Poi estrasse l'orologio della tasca per controllare la puntualità del banchiere. L'orologio si era
fermato, comunque. Lui ha regolato l'o-
rologio alle 9 in punto. Quando la cam-
pana della 'Nikolaikirche' cominciò a
colpire alle 12, estrasse l'orologia della
tasca. Entrambe le lancette erano sul numero 12.
Il fanatico della puntualità Fürstenberg si
è sudato quando la sua vettura è rimasta
bloccata in un ingorgo mentre andava a
un autore che leggeva all'Hotel Adlon.
Quando arrivò, vide diversi uomini che
parlavano con voce alta all'ingresso.
    "Psst, per favore parli piano", disse,
"alcuni spettatori sono già addormen-
tati."
Al ricevimento, che ebbe luogo doppo la
lettura, un giornalista gli chiese quale
impressione avesse della lettura dello

scrittore, che aveva pubblicato libri su diversi capitali europee in pochi mesi.

"Mentre scrive sempre sotto pressione, tende a generalizzare. Ad esempio scrive che le berlinesi sono grandi e dal seno pieno e indossano gonne molto corte quando vede una tale 'signora' all'uscita della stazione di Berlino."

Gli errori più comuni

Cara Sofia,

prima di entrare nella speculazione del mercato azionario, devo avvertirti degli errori più frequenti fatti dagli azionisti. Ti ho già presentato la rete di sicurezza delle 7 regole d'oro. Purtroppo questi non sono seguiti dalla maggior parte degli azionisti.

In un mercato azionario in forte espansione, gli azionisti tendono a un sovrappeso degli azioni nel loro deposito. Questo accade per ignoranza perché non conoscono la formula 'Quota degli azioni in % = 100 meno l'età' o perché disprezzano di proposito questa formula.

Una trappola del mercato azionario frequente sono sicurissimi informazioni confidenziali. Esiste il rischio che altre azioni vengano vendute per avere più capitale per l'informazione confidenziale. Se l'informazione confidenziale risulta essere un flop, questo significa una perdita significativa per l'investitore.

Pochi azionisti trasformano i loro guadagni azionari in titoli sicuri. Possono essere spaventati dai rendimenti più bassi dei titoli sicuri, senza rendersi conto che questo taglio dei rendimenti è il prezzo inevitabile per assicurarsi i loro guadagni azionari.

La *strategia anticiclica* consiste nell'acquistare a corsi bassi e vendere quando i corsi salgono. Dal momento che l'azionista segue l'istinto gregario, è difficile per lui vendere quando i corsi salgono. Se tutti comprano, perché dovrebbe vendere controcorrente?

Tuttavia, c'è un comportamento che è ancora più difficile per lui: vendere un titolo il cui corso è sceso al di sotto del corso di acquisto. Ciò significa l'ammissione che l'acquisto di un'azione è stato un errore. Dato che a nessuno piace ammettere di aver commesso un errore, l'azionista formula diversi argomenti per evitare di dover vendere il titolo, ad esempio:

'Il mercato azionario si è sbagliato e corrigerà di nuovo l'errore.'

Di regola, il mercato azionario non si è sbagliato, ma l'azionista. Un altro argomento:

'Si tratta di una debolezza temporanea

del corso, che viene presto compensata da un rialzo delle quotazioni.'

Poiché a volte si arriva a una leggera ripresa dei corsi con un corso azionario in affondamento, questa speranza viene ripetutamente risvegliata. Quindi il corso azionario, accompagnato da sempre nuove speranze per una compensazione delle perdite, affonda a livelli sempre nuovi.

Un altro argomento:

'Finché non vendo il titolo, è solo una perdita imminente. Solo attraverso la vendita la perdita imminente sarà una perdita effettiva.'

Se non vendi un titolo che scende al di sotto del corso di acquisto, hai un doppio danno: in primo luogo a causa della perdita del corso azionario di questo titolo e in secondo luogo a causa del profitto perso che avrebbe realizzato se avesse venduto il titolo in anticipo e convertito in un titolo redditizio.

Se un titolo scende del 10 - 15 % al di sotto del corso di acquisto, ti consiglio di vendere il titolo. *André Kostolany* descrive quanto sia difficile questo nel suo libro 'Geld, das grosse Abenteuer':

'La difficoltà è acettare una perdita in

modo rassegnato in borsa. È una procedura chirurgica. Devi amputare il braccio prima che l'avvelenamento si diffonda, prima è meglio è. Questo è difficile e tra 100 persone è solo uno che è in grado di farlo.'

Puoi vedere quanto sia difficile per l'azionista vendere un titolo che è sceso al di sotto del corso di acquisto.

Tuttavia, c'è un comportamento che è ancora più difficile per lui: comprare azioni che scendono. Pochi hanno il potere psichico di comprare azioni quando l'intero mercato azionario crolla. Qui, l'istinto gregario si rileva il più grande ostacolo. Quando la chiamata 'fuoco' risuona e tutti gli azionisti si precipitano verso l'uscita, devi avere i nervi di un *Warren Buffett* per rimanere nel mercato azionario e comprare le azioni dagli azionisti in preda al panico a un prezzo molto basso. *André Kostolany* descrive gli alti e bassi del mercato azionario come segue:

I professionisti del mercato azionario ('mani forti') acquistano le loro azioni in un crollo del mercato azionario a prezzi bassi. Il boom del mercato azionario in seguito al crollo attira sempre più i dilettanti ('mani tremanti') sul mercato azionario. I professionisti del mercato azionario vendono le loro azioni ai dilettanti durante il boom del mercato azionario a corsi massimi. Il crollo della borsa dopo il boom mette paura ai dilettanti: vendono le loro azioni, che hanno comprato a prezzi alti dai professionisti del mercato azionario, ma questa volta a prezzi bassi. Poi il gioco ricomincia, in cui i dilettanti perdono sempre pagando i profitti dei professionisti che sono sempre i profitatori.

Infine, ti racconterò la storia di un uomo che è stato debitore del suo più grande colpo di borsa agli azionisti dal panico afferati. Era un membro di quella leggendaria dinastia monetaria, che ha ricevuto due titoli onorari:

'Il re dei banchieri' e 'Banchiere dei re'.

Nathan Rothschild ha acquistato obbligazioni di guerra, con le quali la battaglia d'Inghilterra contro *Napoleone* è stata finanziata. Il 18 giugno, 1815, è venuto a *Waterloo* la battaglia decisiva tra le truppe di Napoleone e gli eserciti degli alleati *Inghilterra* e *Prussia*.

Si crede, che dei piccioni viaggiatori

sono stati inviati da un agente belga di Rothschild a Londra, con la notizia della victoria d'Inghilterra.

Rothschild subito è andato alla borsa di Londra e ha venduto con una faccia molto depressa un gran numero dei obbligazioni di guerra. Dal panico afferrati, gli azionisti hanno venduto i loro obbligazioni di guerra, i cui corsi sono caduti in poche ore. Gli uomini di paglia di *Rothschild* comprarono i titoli di guerra ad un prezzo molto basso. Poche ore dopo, la notizia della sconfitta di *Napoleone* causò un boom alla Borsa di Londra. Il più grande vincitore della giornata è stato *Nathan Rothschild* che ha ottenuto 1 milione di sterline a causa del panico degli azionisti.